T0080686

CONTINENTES

Norteamérica

Edición revisada

Mary Virginia Fox

capstone

© 2009, 2016 Heinemann Library
an imprint of Capstone Global Library, LLC
Chicago, Illinois

To contact Capstone Global Library, please
call 800-747-4992, or visit our website
www.mycapstone.com

All rights reserved. No part of this publication may be reproduced or transmitted in any form or by any means, electronic or mechanical, including photocopying, recording, taping, or any information storage and retrieval system, without permission in writing from the publisher.

Designed by Joanna Hinton-Malivoire and Q2A Creative

Library of Congress Cataloging-in-Publication Data
is available on the Library of Congress website.
978-1-4846-3871-2 (paperback)
978-1-4846-3876-7 (ebook pdf)

Acknowledgments
Capstone Press, maps 4, 5, 6, 8, 10, 12, 18, 20, 26; iStockphoto: amlphoto, 23; Newscom: ALEX CRUZ/EPA, 19, JUAN CARLOS ULATE/REUTERS, 25; Shutterstock: Anton Foltin, 17, CristinaMuraca, 21, FloridaStock, 15, ixpert, cover, Jason Patrick Ross, 27, Javen, 28, Liudmyla Alkhovik, 24, Lucky-photographer, 16, Marco Regalia, 13, Natalia Pushchina, 7, posztos, 22, Rafal Cichawa, 29, Sylvie Bouchard, 11, Tom Roche, 9, turtix, 14, Yongyut Kumsri, 5

The publishers would like to thank Kathy Peltan, Keith Lye, and Nancy Harris for their assistance in the preparation of this book.

Every effort has been made to contact copyright holders of any material reproduced in this book. Any omissions will be rectified in subsequent printings if notice is given to the publisher.

Algunas palabras aparecen en negrita, **como éstas**.
Puedes averiguar sus significados en el glosario.

Printed in the United States 3882

Contenido

¿Dónde queda Norteamérica? 4
Clima 6
Montañas y desiertos 8
Ríos 10
Lagos 12
Animales 14
Vegetación 16
Idiomas 18
Ciudades 20
Áreas rurales 24
Lugares famosos 26
Datos y cifras 30
Glosario *31*
Más libros para leer *32*
Índice *32*

¿Dónde queda Norteamérica?

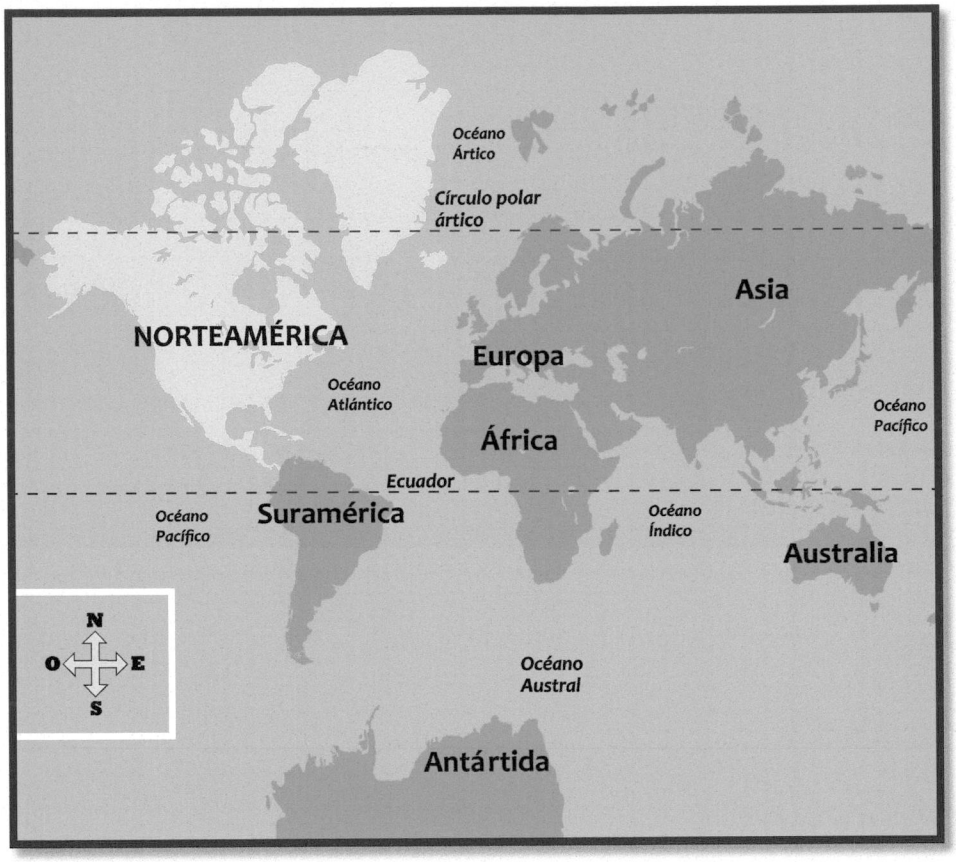

En el mundo hay siete continentes. Un continente es una extensión de tierra muy grande. Norteamérica es el tercer continente más grande. Se extiende hacia el norte más allá del **círculo polar ártico**. En el sur, una angosta franja de tierra conecta Norteamérica con Suramérica.

A ambos lados de Norteamérica hay dos grandes océanos. Al oeste, se encuentra el océano Pacífico. Al este, el océano Atlántico. Norteamérica tiene muchas islas. Algunas de estas islas pertenecen a países de otros continentes.

Groenlandia es parte del continente de Norteamérica, pero pertenece a Dinamarca, un país europeo.

▲ *La gran isla de Groenlandia se encuentra en el océano Ártico.*

Clima

Norteamérica tiene muchos **climas** diferentes. En el sur, el clima es muy cálido y llueve con frecuencia. En el suroeste hay muchos **desiertos** calurosos. A lo largo de la costa oeste, el sol brilla la mayor parte del tiempo.

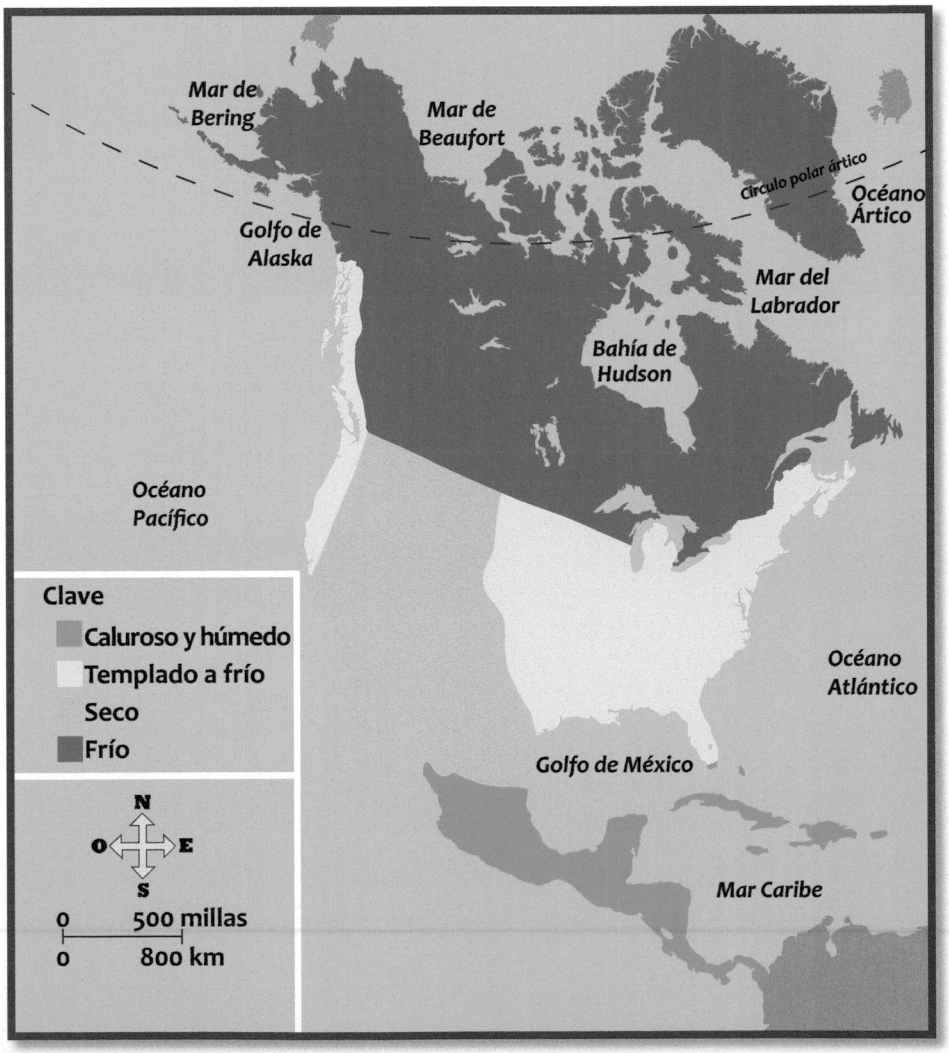

▲ *Esta tierra congelada está en el norte de Canadá.*

En las cercanías del **círculo polar ártico**, la tierra permanece congelada todo el año. La costa del noroeste es fría y lluviosa. Pero en casi toda Norteamérica, en invierno hace frío y nieva, y en verano hace mucho calor.

Montañas y desiertos

A lo largo de la franja oeste de Norteamérica hay altas **cordilleras**. Las montañas Rocosas se extienden desde los **desiertos** de México hasta la helada Alaska. Los montes Apalaches del este son más antiguos y más bajos que las montañas Rocosas.

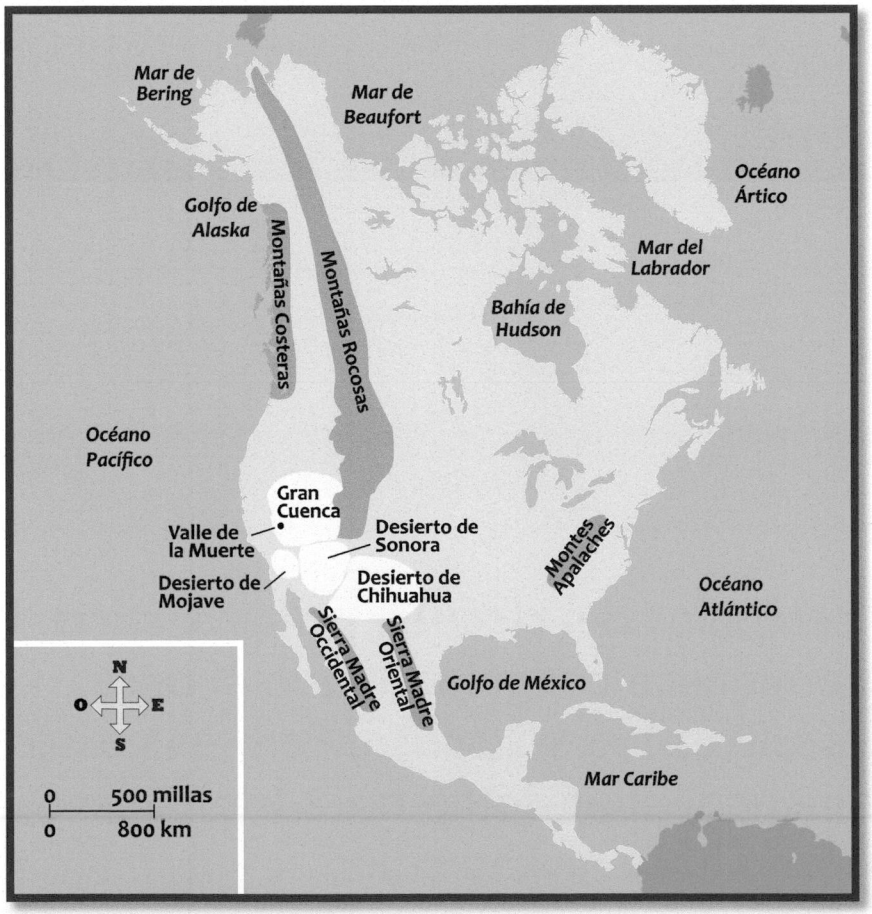

▲ *Éste es el desierto de Sonora, en Nuevo México.*

Hay muchos desiertos grandes en el suroeste de los Estados Unidos y México. El Valle de la Muerte es un desierto de California. Es el lugar más caluroso de los Estados Unidos. Allí, la temperatura ha alcanzado los 135 °F (57 °C).

Ríos

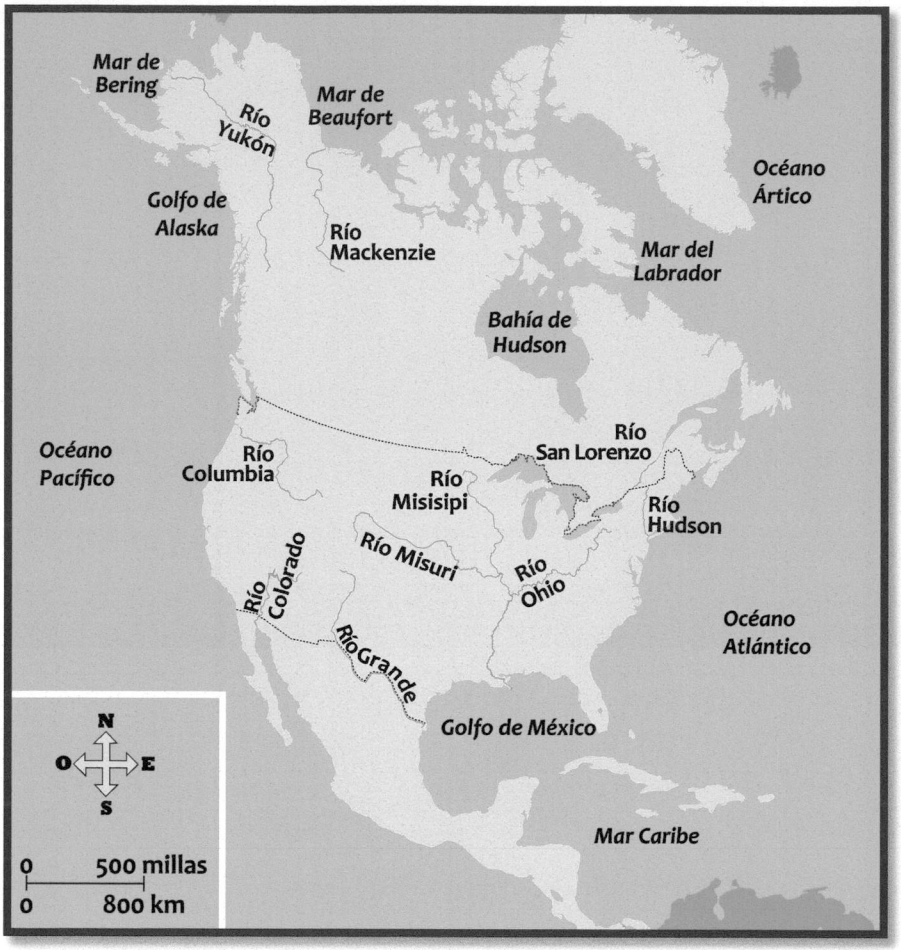

El Misisipi es uno de los ríos más importantes del mundo. Nace cerca de la **frontera** con Canadá. Luego, fluye hacia el sur atravesando el centro de los Estados Unidos. Otros dos grandes ríos, el Misuri y el Ohio, desembocan en el Misisipi.

El río San Lorenzo fluye hacia el este, desde los Grandes Lagos hasta el océano Atlántico. Grandes embarcaciones oceánicas pueden desplazarse por el río gracias a los **canales** navegables.

▲ *Los barcos navegan por canales en el río San Lorenzo.*

Lagos

Hay cincos grandes lagos de **agua dulce** cerca de la **frontera** entre los Estados Unidos y Canadá. Se llaman los Grandes Lagos. Los lagos están unidos entre sí por **canales**, de modo que las embarcaciones de gran tamaño pueden trasladarse de un lago a otro.

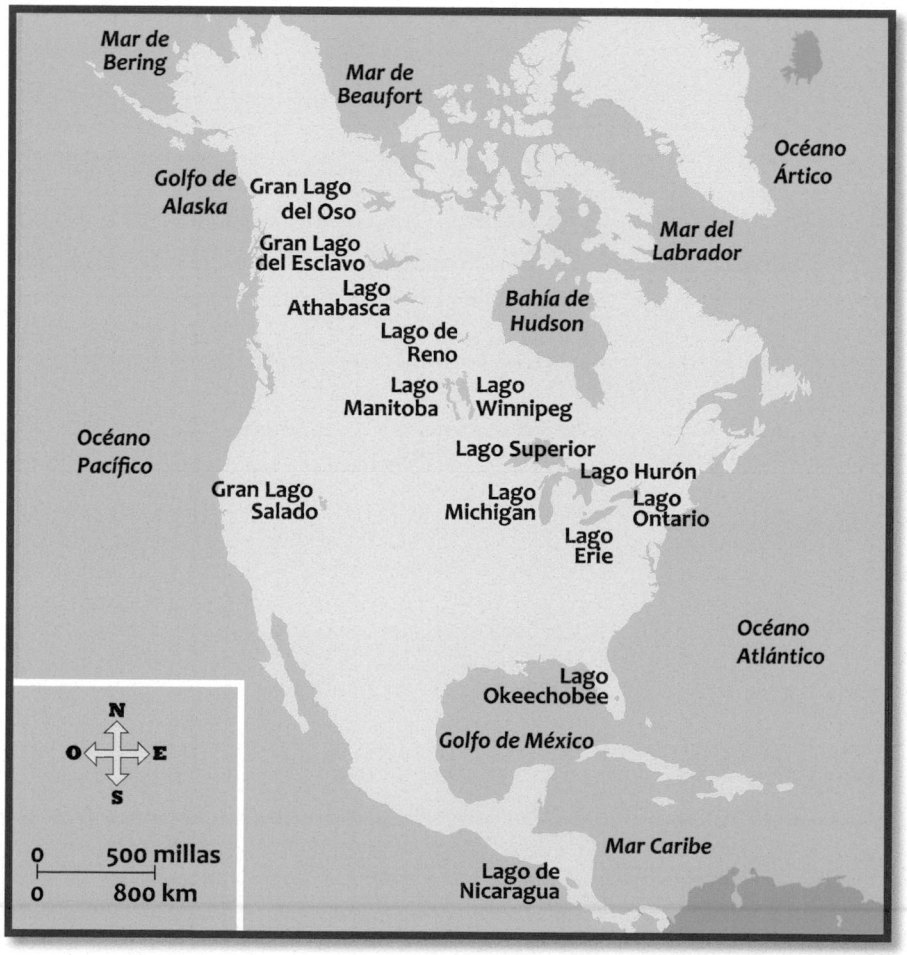

▲ *Éste es el Gran Lago Salado, en Utah.*

El Gran Lago Salado es un lago poco profundo que se encuentra en un **desierto**. Está situado en Utah, en el oeste de los Estados Unidos. Sus aguas son muy saladas. Los nadadores pueden flotar fácilmente en él.

Animales

Millones de búfalos, también llamados bisontes, vivían en las verdes **llanuras** de Norteamérica. Águilas reales y pumas viven en las montañas del Norte. Caimanes y tortugas merodean los **pantanales** de Florida, en el sur de los Estados Unidos.

▼ *Estos búfalos viven en un parque nacional de Dakota del Sur.*

La mayoría de los búfalos vive en **parques nacionales**. Allí están a salvo de los cazadores.

▲ *Los osos polares viven en el Ártico.*

Los osos polares viven en la fría región del norte del continente. Los osos polares buscan peces entre las grietas del hielo. En el helado océano Ártico nadan ballenas, morsas y focas.

Vegetación

Las secuoyas son los árboles más altos del mundo. Algunos alcanzan una altura de 367 pies (112 metros).

▲ *Estas secuoyas se encuentran en California.*

Las secuoyas gigantes crecen en la costa noroeste de los Estados Unidos. En Canadá y en el noreste de los Estados Unidos crecen arces. En primavera se extrae la **savia** del interior de estos árboles para hacer jarabe de arce.

Muchos tipos de cactus crecen en los **desiertos** del suroeste. Los saguaros son un tipo de cactus muy resistente. Necesitan muy poca agua para subsistir.

▲ *Los saguaros se encuentran en México.*

Idiomas

Los primeros pobladores del continente eran **indígenas norteamericanos**. Tenían sus propios idiomas. En la actualidad, sólo unos pocos indígenas norteamericanos hablan esos idiomas. La mayoría de los habitantes de los Estados Unidos habla inglés. También hay mucha gente que habla español.

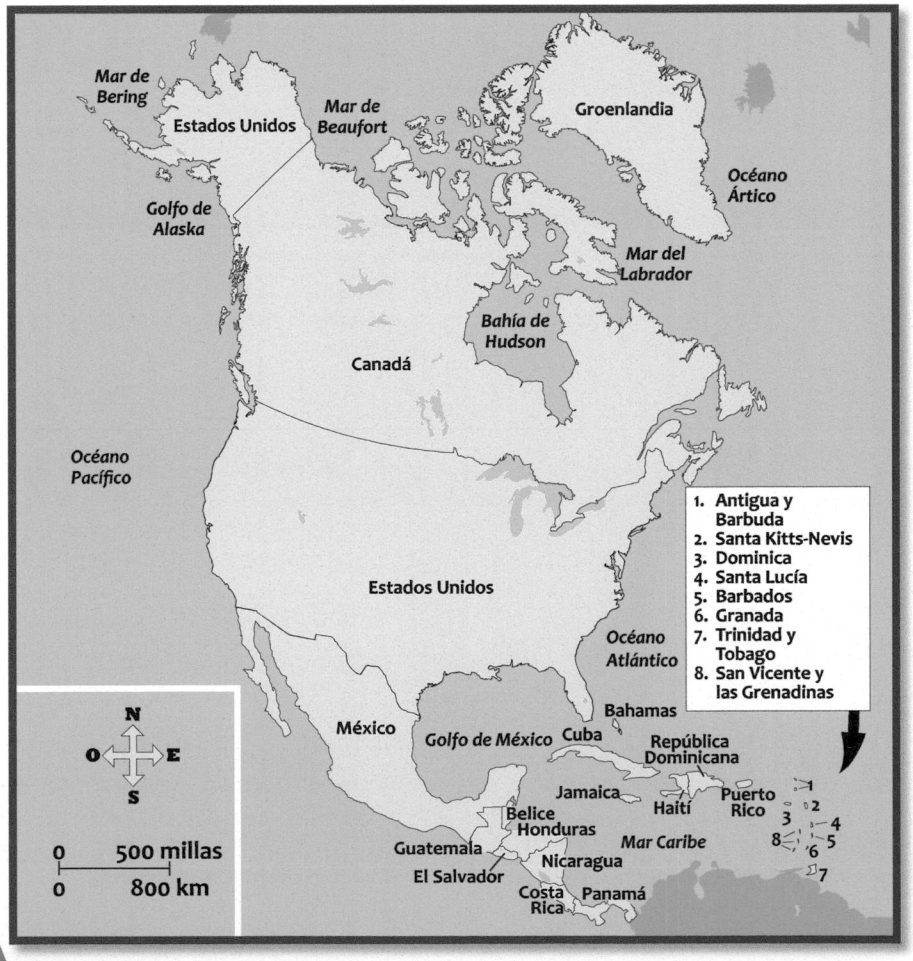

▲ *Ésta es la ciudad de Oaxaca, México.*

El área que se encuentra al sur de México se llama Centroamérica. Allí, la mayoría de la gente habla español. En Canadá, algunas personas hablan francés y otras inglés.

Ciudades

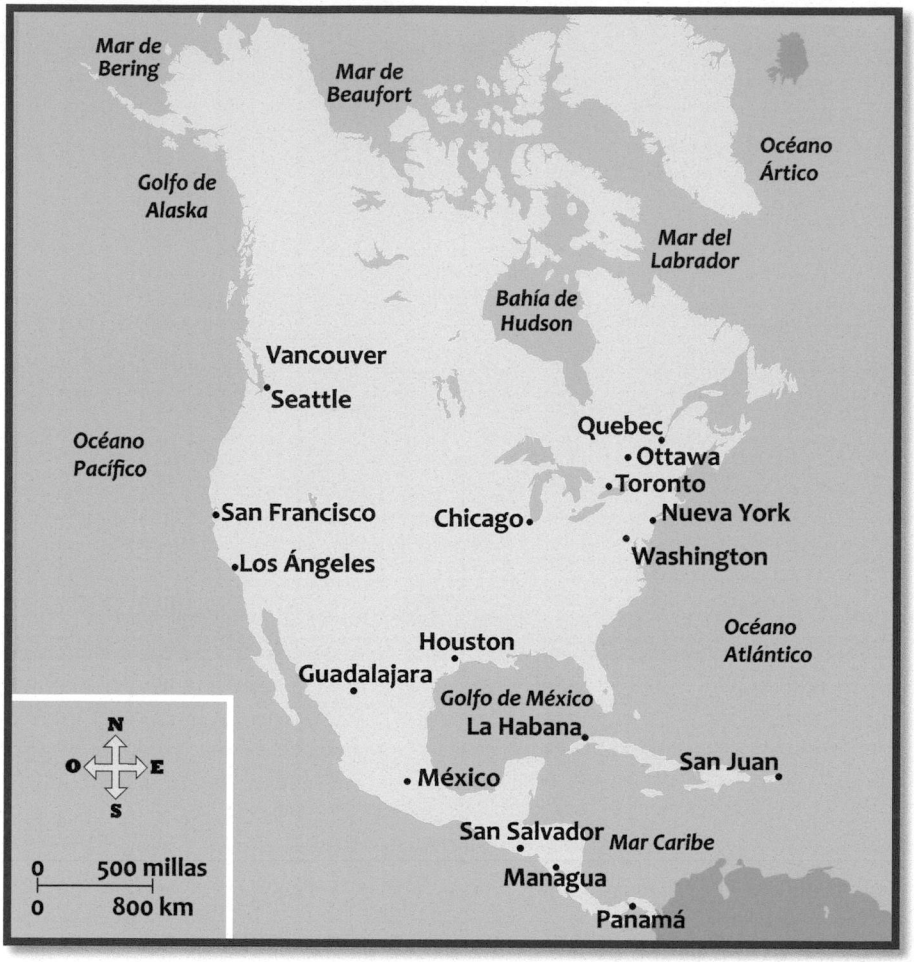

En este mapa se muestran algunas de las principales ciudades del continente de Norteamérica. Toronto, en Canadá, es una **ciudad portuaria** muy importante que se ubica en las orillas del lago Ontario. Ottawa es la **capital** de Canadá. El **parlamento** canadiense se reúne allí.

En los Estados Unidos, la ciudad de Nueva York es una de las más importantes del mundo. Gente de todo el mundo la visita para hacer negocios o para divertirse. La ciudad de Nueva York es famosa por sus rascacielos.

▲ *En Nueva York hay muchos rascacielos.*

La ciudad de México es la más grande de Norteamérica. Es un importante centro de negocios. Hay muchos edificios modernos. También cuenta con muchas iglesias edificadas por los **colonizadores** españoles.

Bajo la ciudad de México yacen las ruinas de una antigua ciudad construida por los **aztecas**.

▲ *Este edificio está en la ciudad de México.*

La Habana fue construida por los colonizadores españoles hace unos 500 años.

▲ *Vista de La Habana, Cuba.*

La Habana es la **capital** de Cuba. Cuba es la isla más grande del mar Caribe. La Habana es un alegre destino para músicos y cantantes de jazz. Cuba vende cigarros, azúcar, café y frutas a otros países.

Áreas rurales

▲ *Los agricultores cosechan trigo en Alberta, Canadá.*

En Norteamérica hay muchos tipos de regiones rurales. En el centro hay **llanuras** cubiertas de campos de trigo. Cerca de las costas, los granjeros crían ganado. En los bosques de Canadá, los **leñadores** talan árboles para hacer leña.

En la costa del noreste se pesca bacalao y caballa. En los países del mar Caribe, el **clima** es bueno para plantar café, azúcar y plátanos.

▲ *Este hombre recoge plátanos en Costa Rica.*

Lugares famosos

El Parque Nacional de Yellowstone es el **parque nacional** más antiguo del mundo. Contiene cientos de géiseres. Los géiseres son chorros de vapor caliente que salen disparados desde el suelo.

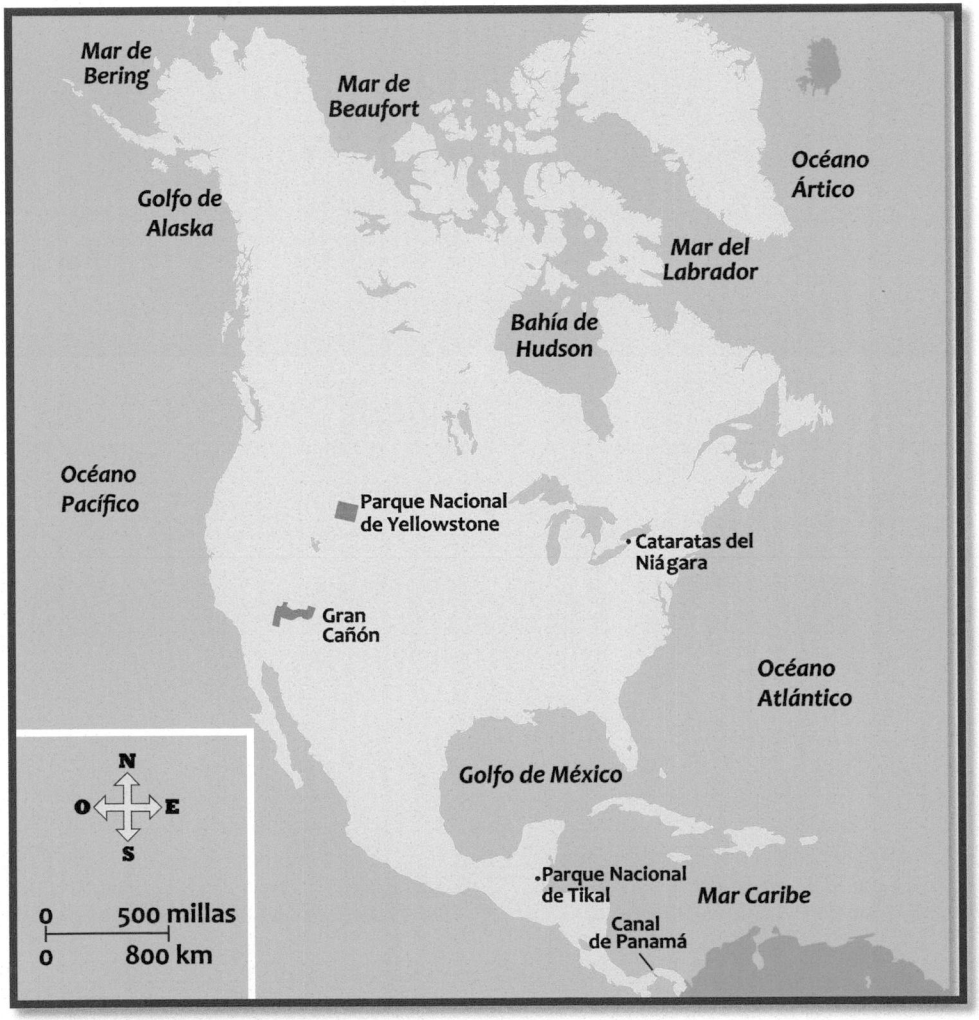

▲ *El Gran Cañón se encuentra en Arizona.*

El Gran Cañón es un valle muy rocoso y pronunciado que se encuentra en Arizona. Se formó hace millones de años por causa del río Colorado. El agua del río erosionó las capas de las rocas y formó este profundo cañón.

Las cataratas del Niágara forman parte de la **frontera** entre Canadá y los Estados Unidos.

▲ *Las cataratas del Niágara vistas desde Canadá.*

Las cataratas del Niágara son dos grandes cascadas. La cascada Americana se encuentra en los Estados Unidos, en Nueva York. La cascada Horseshoe está ubicada en Canadá. Los visitantes pueden acercarse en botes a las cascadas.

Los mayas vivieron en Centroamérica hace unos 800 años. Construyeron ciudades de piedra en los bosques; en el centro de esas ciudades había **templos** en forma de pirámide.

Los mayas tenían su propio sistema de escritura a base de símbolos.

▲ *Esta pirámide maya se encuentra en Tikal, Guatemala.*

Datos y cifras

Ríos más largos de Norteamérica

Nombre del río	Longitud en millas	Longitud en kilómetros	Nace en	Desemboca en
Misuri	2,540	4,087	montañas Rocosas	río Misisipi
Misisipi	2,350	3,781	Minnesota	golfo de México
Yukón	1,979	3,184	Canadá	mar de Bering

Montañas más altas de Norteamérica

Nombre de la montaña	Cordillera	Altura en pies	Altura en metros	País o estado
Monte McKinley	cordillera de Alaska	20,320	6,194	Alaska
Monte Whitney	Sierra Nevada	14,494	4,418	California
Monte Elbert	montañas Rocosas	14,439	4,401	Colorado

Datos récord de Norteamérica

La frontera entre Canadá y los Estados Unidos es la más grande del mundo.

El lago Superior, ubicado en la frontera entre Canadá y los EE.UU., es el lago de agua dulce más grande del mundo.

El Gran lago Salado de Utah es más salado que los océanos.

Los ríos Misisipi, Misuri y Ohio se unen y forman el tercer sistema fluvial más grande del mundo, que tiene 3,877 millas (6,236 kilómetros) de longitud.

Glosario

agua dulce: agua que no es salada

azteca: persona que vivía en México hace unos 500 años

canal: gran cauce artificial, lleno de agua, donde los botes y barcos pueden desplazarse

capital: ciudad donde cumplen su labor los dirigentes del gobierno

círculo polar ártico: línea imaginaria que rodea la Tierra en las cercanías del Polo Norte

ciudad portuaria: pueblo o ciudad con un puerto, donde los barcos llegan y desde donde salen

clima: conjunto de condiciones atmosféricas que caracterizan una región

colonizador: persona que se establece en otro territorio

cordillera: cadena de montañas conectadas unas con otras

desierto: área seca y calurosa, con pocas lluvias

frontera: línea divisoria entre un país y otro

indígenas norteamericanos: primeros pobladores de Norteamérica

leñador: persona que tala los árboles

llanura: área de tierra extensa y llana

pantanal: tierra pantanosa muy húmeda y llena de lodo

parlamento: término utilizado en algunos países para hacer referencia al grupo de personas que elaboran las leyes del país

parque nacional: área de tierra silvestre protegida por el gobierno

savia: líquido que está en el interior de una planta o árbol

poco profundo: que tiene poco fondo

templo: lugar construido para venerar a un dios o diosa

Más libros para leer

Burr, Claudia. *Águilas, nopales y serpientes*. Planeta, 2004.
Geis, Patricia. *Pequeño sioux*. Combel, 2001.
Pohl, Kathleen. *Descubramos Canadá*. Gareth Stevens, 2008.

Índice

animales 14, 15
áreas rurales 24
Canadá 7, 19, 20, 24, 28, 30
canales 11, 12
Centroamérica 19, 29
círculo polar ártico 4, 7, 15
ciudades 20, 21, 22, 23
clima 6, 7, 9 , 25
desiertos 6, 8, 9, 13
idiomas 18, 19
indígenas americanos 18
islas 5
lagos 12, 13, 30
México 8, 9, 19, 22
montañas 8
montañas Rocosas 8
océanos 5
plantas 16, 17
ríos 10, 11, 27
Suramérica 4